Lb⁵⁶ 276

ORAISON FUNÈBRE
DU GÉNÉRAL DE PONTEVÈS

ET DES FRANÇAIS MORTS DEVANT SÉBASTOPOL,

PRONONCÉE LE 22 NOVEMBRE 1855,

DANS L'ÉGLISE DE SAINT-MARTIAL, DEVANT LA CONFÉRENCE DE
SAINT-VINCENT-DE-PAUL ET LA GARNISON D'ANGOULÊME,

PAR Mgr ANT.-CH. COUSSEAU,

ÉVÊQUE D'ANGOULÊME.

Se vend UN FRANC

Pour la décoration de la Chapelle de Saint-Vincent-de-Paul,
dans l'Eglise de Saint-Martial.

———

PARIS,	ANGOULÊME,
CHEZ JACQUES LECOFFRE,	CHEZ NOBLET, LIBRAIRE,
Rue du Vieux-Colombier, 29.	Rue Chabrefy.

1855.

Cette oraison funèbre ne devait point sortir du cercle intime devant lequel elle a été prononcée sur simples notes. Mais la Conférence de Saint-Vincent-de-Paul, qui tient à grand honneur d'avoir compté le général de Pontevès parmi ses membres, ayant exprimé un vif désir d'avoir ce discours imprimé, M. le duc de Sabran-Pontevès l'ayant également réclamé pour sa consolation et celle de son père, Mgr l'Evêque d'Angoulême n'a pu se refuser à de telles instances : il a dû recueillir ses souvenirs à la suite du Service funèbre, et livrer, quelques jours après, à l'imprimeur, cette reproduction, du reste assez fidèle, du discours prononcé à Saint-Martial. On a pensé étendre par là aux nombreux amis qu'avait le général dans plusieurs villes de France, l'édification et la consolation qu'ont goûtée ceux d'Angoulême, au simple récit de sa vie et de sa mort si chrétienne.

ORAISON FUNÈBRE
DU GÉNÉRAL DE PONTEVÈS

ET DES FRANÇAIS MORTS DEVANT SÉBASTOPOL.

> *Melius est nos mori in bello quàm videre mala gentis nostræ et sanctorum.*
>
> Mieux vaut pour nous périr dans les combats que de voir les maux de notre nation et de notre religion sainte.
>
> I. Mach., iii, 9.

Il y a peu de joies sur la terre comparables à celle d'une grande victoire. Et cependant, comme toutes les joies humaines, et plus que toutes les autres, elle est mêlée de larmes (1), elle est troublée par de profondes douleurs. Est-il possible, en effet, de jouir de la gloire et des avantages du triomphe, sans penser en même temps à ces milliers de braves qui l'ont acheté par le sacrifice de leurs vies, à cette foule encore plus nombreuse de parents et d'amis que leur mort a plongés dans un deuil souvent inconsolable? Les oublier aujourd'hui, après la victoire, ce serait une horrible ingratitude, une véritable inhumanité. D'autre part, une reconnaissance bornée à de vains éloges que les morts n'entendent point, à de pompeuses inscriptions sur des monuments qu'ils ne verront jamais, ne saurait les satisfaire, ni eux ni leurs vrais amis.

(1) Prov., xiv, 13.

Vous l'avez compris, Chrétiens, et c'est pourquoi vous êtes venus demander à la religion ce que le monde, malgré toute sa puissance et tout son éclat, ne saurait donner. Vous êtes venus lui demander pour ces illustres généraux, pour ces jeunes officiers, pour ces braves soldats tombés au champ d'honneur, la gloire éternelle, la gloire véritable, et pour tous ceux qui les pleurent une réelle et solide consolation.

L'une et l'autre, M. F., découlent de la vertu du divin sacrifice, que je viens d'offrir sur cet autel, et des saints enseignements de l'Eglise que je dois vous exposer. Puissé-je n'être pas devant vous un trop indigne interprète de sa doctrine ! S'il m'était donné de vous expliquer ces saintes vérités, telles que je les conçois, vous y trouveriez une instruction précieuse et la plus touchante de toutes les consolations. Vous y verriez d'abord la grandeur et la noblesse, je dis plus, la sainteté de l'état militaire, tel que la religion le comprend; puis, dans le sacrifice du guerrier qui meurt pieusement sur le champ de bataille pour sa patrie et pour sa foi, comme nos braves de Sébastopol, un acte de charité sublime qui lui assure l'amitié de Dieu et une part dans sa gloire éternelle. Son sort vous paraîtrait digne d'envie et vous le féliciteriez d'avoir pu gagner cette belle couronne en mourant ainsi pour la défense de la patrie et de la religion : *melius est mori in bello quàm videre mala gentis nostræ et sanctorum.*

C'est ce que j'espère vous montrer, Messieurs,

dans la vie et la mort de Louis-Jean-Edmond comte de Pontevès, général de brigade dans la garde impériale, commandeur de l'ordre impérial de la Légion-d'Honneur, grand'croix de l'ordre pontifical de Saint-Grégoire-le-Grand, membre de la société de Saint-Vincent-de-Paul de la ville d'Angoulême.

C'est un beau nom, M. F., que celui de la paix (1). Je ne m'étonne pas des applaudissements qu'ont recueillis parmi nous ceux qui promettaient d'établir son règne sur la terre. Mais c'était là une illusion de l'orgueil, et c'est précisément l'orgueil, source première de tous les désordres de ce monde, qui ne cessera d'y enfanter la guerre, tant qu'il subsistera dans les esprits et dans les cœurs. Aussi quand on voit se produire au grand jour ces trompeuses théories, on peut être assuré que déjà les faits s'apprêtent à leur donner les plus honteux et les plus cruels démentis.

Naguère on ne parlait chez nous que de paix, de paix universelle, de congrès de la paix, où toutes les nations, abjurant leurs anciens préjugés et renonçant à la guerre comme à un vieux reste de barbarie, devaient marcher ensemble avec le plus touchant accord dans la voie des lumières et de la civilisation. On faisait honneur de ce beau succès au progrès de la raison publique, et aussi de la diplomatie, de cet art des négociations, aujourd'hui si perfectionné, qu'il devait sûrement dénouer toutes les difficultés.

(1) S. Hil. Pict. contrà Auxentium, n. 1.

politiques, que nos malheureux ancêtres tranchaient grossièrement avec l'épée sur des champs de carnage.

On le disait, et que dit-on aujourd'hui?

On le disait, et nous voici tristement assemblés autour d'un cercueil qui nous rappelle, avec la mort récente d'un illustre général, si justement chéri et respecté de toute cette ville, la mort de combien d'autres généraux, de combien de centaines d'officiers, de combien de milliers de soldats, qui ont dû verser leur sang dans une guerre lointaine, pour la défense des intérêts les plus sacrés, pour l'indépendance de la patrie et de la religion!

On le disait encore, il y a moins de huit ans, et quelques jours après vous étiez réunis ici même, N. T. C. F., autour d'un autre cercueil qui renfermait les restes d'un général, enfant de cette ville (1), tombé glorieusement avec tant d'autres, pour la défense de l'ordre social menacé par la barbarie, dans les rues mêmes de cette superbe capitale, où retentissaient encore les harangues du congrès de la paix.

C'est que dans le sein de la grande cité, plus encore que dans le reste de la nation, une sourde guerre était allumée depuis longtemps par l'orgueil. Dans le sein d'une même patrie, deux nations ennemies se heurtaient l'une contre l'autre : *Duæ gentes in utero.... collidebantur* (2). D'une part l'orgueil

(1) Le général de Bourgon.
(2) Genes. xxv. 22. 23.

des riches, si souvent détesté dans l'Ecriture ; de l'autre l'orgueil des pauvres, qu'elle déclare encore plus détestable (2). Nulle réconciliation possible entre ces deux puissances, sinon par l'humilité et la charité. Mais ce moyen étant repoussé de part et d'autre, il ne restait que la force, la force légitime à opposer à la force brutale des passions soulevées contre l'ordre établi. Il fallait donc des hommes d'ordre et de dévouement, des hommes d'abnégation et de sacrifice, prêts à s'immoler pour la défense de l'autorité, de la famille, de la propriété, de la religion, de la société tout entière, menacée de périr.

L'armée, et c'est sa gloire, fournit à l'instant par milliers ces intrépides défenseurs, et depuis surtout que leur action a été fortifiée par l'unité d'un pouvoir visiblement suscité de Dieu, l'esprit de désordre a dû, non pas abdiquer (jamais il n'abdiquera), du moins ajourner ses sinistres projets.

Mais alors un autre orgueil que l'on entrevoyait depuis longtemps se dresser du côté du Nord, comme une grande menace, contre la liberté de l'Orient et de l'Occident, crut pouvoir commencer l'exécution de ses vastes desseins. Il ne s'agissait de rien de moins que de ramener dans le monde la terrible unité du vieil empire romain. Au premier bruit de sa marche, les cabinets politiques s'émeuvent, les négociateurs s'agitent, les conférences s'ouvrent, les diplomates les plus renommés épuisent toutes les ressources de leur habileté et de leur

(2) Eccli. xxv. 4.

expérience. Vains efforts ! les notes s'échangent, se croisent en tout sens : ce sont de chaque côté des prodiges d'adresse, d'insinuation, de dialectique tantôt souple et déliée, tantôt ferme et pressante. Il y a des deux côtés des intérêts et des prétentions inconciliables. L'orgueil est trop compromis pour céder, s'il n'y est contraint par la force. Le dernier mot est donc encore cette fois à la puissance des armes, et voilà allumée une des plus grandes guerres qui se soient jamais vues dans le monde : Dieu veuille qu'après ce dernier triomphe, ce ne soit pas encore une des plus longues et des plus meurtrières !

Vous le voyez, N. T. C. F., quoi qu'en puissent dire de vains discoureurs qui flattent notre nature, parce qu'ils la méconnaissent, la guerre est une des nécessités de ce monde. Malheur, sans doute, trois fois malheur à l'orgueil qui la suscite ! Malheur au prince ambitieux, avide de domination, qui s'aveugle lui-même et se crée des droits contre les droits des autres, qui trouble l'ordre des sociétés et lance les nations dans ces luttes terribles où tant d'innocents doivent périr ! Sur sa tête et sur celle de ses enfants retombent le sang et les larmes qu'il fait verser. Mais aussi en même temps honneur au prince vraiment sage, qui voudrait que son empire fût la paix, qui en offre toutes les conditions justes et raisonnables, mais qui les voyant obstinément repoussées, se retourne vers la nation dont il a les intérêts et l'honneur en main, l'appelle résolument aux combats, et au nom du Dieu protecteur du droit et de la justice, poursuivra la guerre jusqu'à ce qu'il ait assuré leur triomphe! Honneur aux braves qui sur son appel se lancent dans les périls, loin de la famille et de la patrie, périls de la mer, périls d'un climat meurtrier, périls de combats incessants de jour et de nuit, périls multipliés au-delà de toute proportion connue, par la plus énorme accumulation d'instruments de mort qui se soit jamais vue dans le monde! Honneur en particulier à ce noble, à ce brave, à ce pieux général de Pontevès, dont je dois maintenant vous raconter la vie!

Il avait été entraîné, dès ses plus jeunes ans, vers l'état militaire par une de ces vocations puissantes auxquelles ne résiste point un noble cœur. L'histoire de Provence n'a point de souvenirs plus beaux et plus touchants que ceux de saint Elzéar (1) et de son épouse sainte Delphine. Ce jeune comte Elzéar de Sabran, tout à la fois grand homme de guerre et grand chrétien, si grand que l'Eglise l'a placé avec sa digne épouse sur les autels, les proposant tous deux ensemble à l'admiration et à l'imitation de l'univers entier, c'était dans la famille de Pontevès, alliée avec la sienne depuis des siècles, comme un modèle domestique, qu'un père et une mère pieuse ne cessaient de mettre sous les yeux de leurs enfants.

(1) Saint Elzéar de Sabran, mort en 1323, fut canonisé du vivant même de son épouse sainte Delphine, qui ne mourut qu'en 1369. Voir cette admirable vie dans Godescard, au 27 septembre.

Aussi quand Edmond et son jeune frère Eugène partirent de Marseille, dans les premières années de la Restauration, pour achever à Paris, sous la direction du célèbre abbé Liautard, une éducation si heureusement commencée par leurs nobles parents, toute leur ambition était de marcher sur les traces des chevaliers de l'ancien temps, de se dévouer comme eux à la défense des droits de Dieu et du roi, de la religion et de la patrie. Cette ardeur s'accrut encore en eux, quand il leur fut donné d'entrer à l'Ecole militaire. La licence trop commune dans la jeunesse livrée à elle-même, au milieu des dangers de la grande ville, ne put les entamer. Outre cette cuirasse intérieure de la foi, *loricam fidei* (2), dont ils avaient été munis par leurs pieux parents, ils avaient pour protecteur, pour conseiller et pour ami, le vénérable abbé de Pontevès, leur cousin, aumônier du roi Louis XVIII, après l'avoir été, trente ans auparavant, de l'infortuné Louis XVI.

Dans les entretiens fréquents du bon prêtre et des deux jeunes hommes, qu'il aimait avec la tendresse d'un père, qui de leur côté l'écoutaient avec la docilité d'enfants respectueux, la profession militaire était envisagée sous son plus magnifique aspect, dans toute sa noblesse, dans toute sa grandeur et (je n'hésite pas à le redire) dans toute sa sainteté.

Quelle est, en effet, M. F., la plus haute perfection du christianisme ? En quoi l'Evangile la fait-il consis-

(2) I. Thess. v. 8.

ter? Dans l'abnégation, dans le renoncement, dans le sacrifice de soi-même tout entier.

Si quelqu'un veut marcher à ma suite, dit le Sauveur, c'est-à-dire, si non content d'obéir à mes préceptes et d'accomplir ce qui est nécessaire au salut, il veut encore écouter mes conseils et me suivre dans les voies de la perfection la plus haute, qu'il se renonce lui-même, *abneget semetipsum* (1) : qu'il se dévoue, qu'il se sacrifie. Qu'il renonce d'abord à l'ambition des richesses, qui dégraderait son âme ; qu'il renonce aux délices, aux plaisirs qui l'amolliraient et l'énerveraient; qu'il renonce enfin à sa propre volonté et complète ainsi son sacrifice par la pratique la plus parfaite de l'obéissance.

Mais, me direz-vous, M. F., c'est là l'état religieux. Oui, sans doute, les trois vœux qui en font l'essence ne sont pas autre chose. Mais la pratique, sans vœu formel, de ces trois grands renoncements constitue aussi, d'abord dans un premier degré, la perfection de l'état ecclésiastique, et dans un second degré, à un autre point de vue, mais toujours dans le même esprit, la perfection de l'état militaire. Ainsi l'a toujours compris le général de Pontevès.

En voulez-vous tout d'abord une preuve éclatante, qui seule pourrait suffire à ma démonstration ?

Son oncle, le duc de Sabran, allait mourir sans laisser d'héritiers d'un nom si illustre. Il songeait à le transmettre, avec sa fortune, à l'un de ses neveux, et tout naturellement ses vues se portaient

(1) Math. xvi. 24.

sur l'aîné, sur Jean-Edmond de Pontevès. Celui-ci était jeune encore et dans l'âge qui semblait marqué pour le mariage. Il s'agissait d'ajouter à son nom un des plus beaux noms de France et à sa fortune personnelle près de deux millions. « Non, dit-il, la profession des armes que j'ai embrassée s'accommode mal des liens du mariage. Dans les séparations et les dangers, on souffre trop, on donne trop à souffrir à ceux qu'on aime. Mes deux frères sont déjà pères de famille : donnez-leur à eux et à leurs enfants ces beaux titres et cette fortune dont je n'ai que faire : j'en aurai plus de joie et de reconnaissance que si vous m'en donniez à moi-même la possession. »

Vous vous rappelez encore, M. F., le bonheur que nous ressentîmes tous, il n'y a que trois ans, lorsque nous apprîmes que l'Empereur venait d'ajouter aux autres décorations qui brillaient sur la poitrine du brave colonel la croix de Commandeur de la Légion-d'Honneur. Ses amis s'empressèrent de l'en féliciter. Il reçut leur compliment avec sa grâce et sa modestie ordinaires. Cependant il avoua à l'un de ses plus intimes que la joie que lui donnait cette distinction n'était pas sans mélange de peine. A cette croix était attachée une pension de mille francs. L'honneur me plaît, disait-il ; mais cet argent me blesse. Eh ! reprit en souriant son prudent ami, il est facile de vous soulager de ce chagrin. N'acceptez pour vous que l'honneur de la croix et déchargez-vous sur les pauvres, sur les églises, sur les bonnes œuvres que vous aimez, de cet argent qui vous pèse.

Oh ! de grand cœur ! dit le colonel, et de ce moment je prends l'engagement de n'y jamais toucher pour moi-même (1).

Vous applaudissez intérieurement, je le vois, vous ses compagnons d'armes : vous comprenez comme lui que le désintéressement est une des plus belles vertus militaires. Et vous, Messieurs, que je pourrais bien aussi appeler ses compagnons d'armes dans les pacifiques expéditions de la charité, vous vous rappelez quelle part prenait à vos saintes œuvres, dans chacune de vos réunions, votre généreux confrère. Les pauvres savent comme nous combien il était touché de leurs misères. Ce n'est pas seulement lorsqu'il les avait sous les yeux qu'il songeait à les soulager. Sa charité ne les oubliait pas plus au loin qu'un ami véritable n'oublie ses amis, qu'un père n'oublie ses pauvres enfants. Pour les atteindre, ses aumônes traversaient les mers. Jamais sollicitées, elles nous venaient d'elles-mêmes de Rome pour passer par vos mains, Messieurs, dans le sein de vos pauvres. Et aujourd'hui encore je sais qui doit de sa part grossir votre prochaine collecte par un don venu de Sébastopol quelques jours seulement avant sa mort.

O mort, si cruelle pour tant de cœurs, nous te devons au moins de pouvoir publier hautement

---

(1) « Je désire que tout l'arriéré de solde qui m'est dû pour la Légion-d'Honneur, soit versé à la paroisse de la Tourette, à côté du fort Saint-Jean. » (Dernières dispositions du général mourant, recueillies par le capitaine Lamy, son aide-de-camp.)

aujourd'hui ces glorieux secrets! De son vivant c'était pour ses amis comme pour lui une loi inviolable de laisser ignorer de la main gauche l'aumône que versait la main droite. Pendant que nos pauvres d'Angoulême recevaient ses libéralités, quelle était en effet la part de ceux de Rome, de Marseille et des autres villes où la souffrance avait une fois parlé à son cœur un langage qu'il n'oubliait plus? Nous l'ignorons : c'est le secret de Dieu et de ses anges qui ne cessaient de porter devant son trône l'encens des bonnes œuvres de son serviteur. Mais ce qu'il ne pouvait cacher aux regards ce sont ces magnifiques verrières, où je vois resplendir, ici et là, les images radieuses de ses deux patrons saint Jean-Baptiste et le roi martyr saint Edmond. Monuments précieux de sa piété comme de sa générosité, elles font une des plus belles décorations de ce temple élégant, dont il suivait la construction avec une complaisance et un amour dignes de sa foi : *quoniam placuerunt servis tuis lapides ejus* (1).

A ce dédain profond de l'argent, à ce sage et pieux emploi qu'il en savait faire, vous avez déjà jugé, Messieurs, combien son âme était élevée au-dessus des attaches vulgaires et combien l'amour des plaisirs qui captivent le plus les hommes avait peu d'empire sur son cœur. Sa douce gravité, sa parfaite modestie, qu'on eût admirée jusque dans un ministre des autels et qu'il savait merveilleusement

(1) Ps. ci, 15. L'église de Saint-Martial, commencée en 1852, achevée et consacrée en 1853, est la paroisse de la caserne.

concilier avec l'assurance d'un intrépide guerrier, montrait assez à tous les regards dans quelle haute région il avait su placer ses affections et ses jouissances. Sut-il tout d'abord s'élever à cette perfection ? Dans les premières ardeurs de la jeunesse, dans l'oisiveté des garnisons (l'oisiveté si funeste à tous les hommes et surtout aux hommes de guerre !) ne s'oublia-t-il jamais un seul instant ? N'a-t-il jamais eu à dire depuis, comme le plus saint des guerriers et des rois : Seigneur ne vous souvenez pas des fautes et des oublis de ma jeunesse : *delicta juventutis meæ et ignorantias meas ne memineris* (1) ? Je l'ignore. Mais ce que je sais, c'est que dans cette maturité d'âge et de vertu où nous l'avons connu, l'austérité de sa vie aurait pu être proposée pour modèle aux chrétiens les plus fervents. Quelle application à l'étude et au travail ! Quelle religion du devoir ! Quelle réserve, quelle prudence de choix dans ses relations ! Quelle sévérité à se reprocher la perte de quelques heures données de trop à un délassement honnête, dans un jeu modéré ou dans une douce conversation avec une société choisie ! Nous en rendrons compte à Dieu, disait-il tristement à un ami, en rentrant à son hôtel au milieu de la nuit.

Pour lui les vrais plaisirs c'étaient, d'abord et avant tout, la conversation avec Dieu dans l'intimité de la prière, puis des entretiens simples et graves avec des amis de choix, mais après le devoir accompli : le devoir, où son âme s'était accoutumée à trou-

(1) Ps. xxiv. 7.

ver une austère volupté et une douceur incomparable.

Mais à côté de ces hautes vertus, quels étaient donc ses défauts ? Pour répondre à cette question délicate, permettez-moi, Messieurs, de vous citer un trait de l'histoire des croisades : J'espère que vous ne le trouverez point déplacé dans l'éloge d'un fils des anciens croisés, d'un fidèle disciple de ces héros de l'ancien temps.

Le célèbre historien Guillaume, archevêque de Tyr, raconte qu'après la conquête de Jérusalem les barons chrétiens furent très-embarrassés pour l'élection de celui d'entr'eux qu'ils devraient placer sur le trône de la ville sainte. Pour bien connaître les candidats proposés, les électeurs s'avisèrent d'un expédient qui, tout singulier qu'il peut nous paraître, n'en prouve pas moins le haut bon sens de ces vieux seigneurs. Ils firent comparaître devant eux en secret les serviteurs les plus familiers de chacun de ces princes et les obligèrent à déclarer, sous la foi du serment, tout ce qu'il savaient en bien et en mal sur le caractère et la conduite de leurs maîtres. Il paraît qu'il y eut là sur quelques-uns d'entr'eux d'étranges révélations. Mais quand on vint à Godefroy de Bouillon, ses valets déclarèrent que de tous ses défauts celui qui choquait le plus les gens de sa maison, c'était qu'une fois entré à l'église il ne se bornait pas à entendre le service divin, mais qu'on ne pouvait plus l'en arracher ; qu'il s'y arrêtait souvent à interroger les prêtres et les hommes instruits, sur les images et les peintures qui la décoraient; qu'en outre il n'arrivait point exactement à l'heure fixée pour ses repas et qu'il désolait ses maîtres d'hôtel, en ne prenant sa nourriture que lorsqu'elle avait perdu toute saveur. De tels défauts, loin de choquer les sages électeurs, les édifièrent grandement, et tout d'une voix ils lui décernèrent la couronne de Jérusalem (1).

Maintenant, Messieurs, je n'éprouve plus aucune peine à vous avouer que le général de Pontevès, beaucoup plus occupé des devoirs de sa charge que du soin de son corps et de sa santé, oubliait souvent, lui aussi, l'heure de ses repas; que, dans cette vive préoccupation du devoir, il lui est même arrivé quelquefois d'oublier l'heure précise d'une invitation dans le monde. Lui, par nature et par éducation, le plus poli et le plus gracieux de tous les hommes, il en éprouvait une vive confusion; mais il s'en excusait avec tant de bonne grâce et une simplicité si aimable que jamais personne n'a eu le mauvais goût de s'en offenser.

C'était surtout dans la prière et dans ses entretiens avec Dieu qu'il s'oubliait aisément lui-même et le monde tout entier. Dans ces longues tournées où faisant les fonctions de général il parcourait, avec le préfet du département, tous les chefs-lieux de canton de notre Angoumois pour le recrutement de l'armée, tandis que les autres membres

(1) Guillelmi Tyrensis archiep. Hist. l. IX, n. 2. in collect. Gestorum Dei per Francos, p. 764.

du conseil se délassaient de la longue immobilité des séances par la promenade ou la visite des curiosités de la ville, combien de fois n'est-il pas allé chercher de préférence un doux repos dans la maison de Dieu! L'heure du repas arrivée, lui seul manquait parfois à la table commune. On s'inquiétait de son absence. Mais le digne officier, confident de ses habitudes intimes, que je vois en ce moment au pied de cette chaire, rassurait à l'instant les convives. Il allait à l'église et le trouvait agenouillé humblement dans quelque recoin du temple désert, abimé dans la méditation et la prière, demandant à Dieu cette force contre soi-même qui ne vient que d'en haut (1).

Est-il besoin maintenant de louer dans un tel homme l'obéissance militaire? Mais cette obéissance, ce renoncement absolu à la volonté propre, pour la mettre toute entière dans la main du chef qui commande, mais c'est votre vertu première et principale, braves soldats qui m'écoutez : c'est la loi fondamentale de votre glorieuse profession. L'armée n'a de force que par cette unité qui fait mouvoir tous les bras sous l'impulsion d'une seule pensée, d'une seule volonté. De même que je dis à mon œil de regarder ici ou là, à mes pieds d'avancer et ils avancent, à ma main de s'étendre et elle s'étend, de frapper et elle frappe ; de même le général qui a son plan dans sa tête donne ses ordres qui parviennent bientôt jusqu'au moindre officier, jusqu'aux

(1) Sap. viii. 21.

derniers soldats de cette armée immense, et si l'exécution suit à l'instant, rien ne résiste à la puissance d'un mouvement si bien ordonné et si bien exécuté. Comment un seul homme est-il si fort ? C'est qu'il rassemble en lui seul la force de tous ; c'est que par ce concert de toutes les volontés, il se sert de ses soldats comme de ses propres membres, ainsi qu'un grand Docteur le dit de notre milice spirituelle qui a tant de rapport avec la vôtre : *episcopus ut membris suis utatur clericis* (1).

Mais écoutez plutôt ce capitaine romain qui parle à Notre Seigneur dans l'Evangile : « Non, maître, il n'est pas nécessaire que vous veniez jusqu'à ma maison pour guérir mon serviteur. Moi qui ne suis qu'un simple officier, soumis à d'autres, j'ai sous moi des soldats. Je dis à celui-ci : viens, et il vient ; à cet autre : fais cela et il le fait. De même, dites un mot, et mon serviteur sera guéri (2). »

Voilà l'idée qu'avaient ces anciens romains de l'obéissance militaire : obéissance prompte, ponctuelle, respectueuse. Et l'Esprit-Saint lui-même, dans l'Ecriture, explique leurs triomphes et leurs immenses conquêtes par leur sagesse, leur patience le teur obéissance à un seul chef, même du temps de leur république, *consilio et patientia... et omnes obediunt uni* (3). Le grand historien des malheurs des Juifs, Josèphe n'explique pas autrement la force

(1) S. Ambros. De officiis, l. ii. c. 27.
(2) Math. viii. 8.
(3) Mach. viii, 3. 16.

invincible des armées romaines que par la belle harmonie qui y régnait et le respect universel de l'autorité. Rien, dans le camp, dit-il, ne se fait sans ordre. Dès le point du jour toute la compagnie s'assemble pour saluer le capitaine ; puis tous les capitaines se réunissent pour saluer leurs tribuns, qui à leur tour vont tous ensemble saluer le général et recevoir ses ordres (1).

Que si cette loi de respect et d'obéissance était sacrée pour ces anciens idolâtres, que ne doit-elle pas être pour des soldats chrétiens, formés par les leçons et les exemples du fils de Dieu, du maître du monde qui, non content d'obéir aux autorités établies ici-bas, dans leurs commandements justes et légitimes, a voulu obéir, sur le calvaire, même à ses bourreaux, respectant en eux les exécuteurs de la volonté de son père ! Il s'est fait, dit l'apôtre, obéissant jusqu'à la mort et à la mort de la croix (1).

L'obéissance militaire ainsi consacrée, anoblie, divinisée, communique à toute la vie de l'officier et du soldat, qui sait la comprendre et l'aimer, une valeur surnaturelle. Elle en fait une des vies les plus saintes et les plus méritoires qu'il y ait dans le monde. Or, telle fut toujours l'obéissance de notre pieux général. Animé, dès le principe, de cet esprit de foi qui agissait dans ses œuvres et surtout dans les œuvres de son état, il n'eut plus qu'à suivre la voie droite ouverte devant lui, marquant seulement chaque nouveau

(1) Joseph. de Bello Jud. l. iii. c. 5.
(1) Philip. ii. 8.

grade dans la milice par un nouveau degré de progrès dans la vertu, d'application aux devoirs de son nouvel emploi : du reste toujours calme et modeste, doux envers ses inférieurs, respectueux envers ses chefs, également digne devant les uns et les autres, également respecté de tous. Tel le vit notre ville d'Angoulême, jeune officier, au début de sa carrière ; tel elle le retrouva avec bonheur après un quart de siècle, comblé des honneurs de la guerre, en Espagne, en Afrique et en Italie, colonel d'un beau régiment dont l'origine se liait à l'histoire de notre province (1).

Il est sans doute, Messieurs, dans la hiérarchie militaire des grades plus élevés que celui de colonel. Mais je n'en connais point d'un caractère plus touchant et plus propre à mettre en relief les qualités du cœur.

Le général commande à de grandes masses, qui s'unissent ou se séparent selon les temps et les besoins de la guerre : il les fait mouvoir, sans connaître les individus qui les composent. Mais le régiment, où les mêmes hommes vivent ensemble d'une vie commune, c'est proprement la famille militaire, et le père de cette famille, c'est le colonel. Jamais peut-être ce caractère de paternité ne s'est montré sous un aspect plus touchant que dans le colonel de Pontevès. Ami de ses officiers qu'il savait diriger et honorer tout à la fois, conduisant les soldats avec une autorité douce et ferme, il leur imprimait le

(1) L'ancien régiment d'Angoumois s'est fondu dans le 75e régiment de ligne.

respect et l'amour de la discipline par ses exemples et par la crainte qu'on avait de lui déplaire. Mais où le cœur du père paraissait tout entier, c'est dans les tendres soins dont il entourait les jeunes enfants, la plupart orphelins, qui, sous le nom d'enfants de troupe, faisaient partie de son régiment. Quelle sollicitude de tous les jours et de tous les instants pour ces jeunes âmes! Je n'hésiterais pas à la proposer pour modèle à tous les pères de famille. Non content de les avoir confiés à la garde d'un sous-officier choisi entre les plus instruits, les plus sages et les plus pieux, sous la haute surveillance du major du régiment, il se faisait rendre compte à lui-même tous les jours, absent comme présent, par une note détaillée, de la conduite, du travail et des progrès de chacun de ses enfants. Souvent il lui est arrivé de quitter un cercle brillant pour aller à la caserne recueillir ces notes et faire avec eux en famille la prière du soir. Quels pouvaient être les fruits de tels exemples et de telles leçons dans ces jeunes âmes? Vous le savez, M. F., vous qui avez tant de fois admiré, aux offices de notre cathédrale, la tenue si modeste, l'air de candeur et de piété franche de cette charmante petite troupe.

Approchaient-ils de l'âge où ils pouvaient être admis aux divins sacrements, le colonel redoublait de vigilance sur eux, afin que la première communion, que la confirmation missent dans leur âme une empreinte de vie chrétienne qu'aucune tentation, aucune épreuve de la vie militaire ne fût jamais capable d'effacer. Il les recommandait lui-même, et souvent, et avec de vives instances, au digne prêtre chargé de les préparer à cette grande action, le remerciant ensuite avec effusion de l'important service qu'il leur avait rendu.

Quel tendre intérêt ne leur témoignait-il pas dans les maladies! Les soins tout maternels des bonnes sœurs de l'hôpital ne suffisaient pas à son cœur de père. Il voulait y ajouter encore de lui-même quelques douceurs, qu'il aimait à leur porter de ses propres mains.

Un de ces pauvres enfants, orphelin, fils d'un officier qu'il avait connu, avait encore un titre plus sacré à sa tendresse : il était son filleul. Durant toute sa maladie, le bon colonel ne voulut pas être un seul jour sans l'aller visiter, s'asseyant auprès de son lit, y passant des heures entières à le consoler dans ses souffrances, à l'encourager, puis enfin à le préparer à la mort. Pendant tout ce temps, ses amis furent frappés et touchés de l'air de tristesse empreint sur son visage. Mais quel ne fut pas leur attendrissement, lorsqu'ils le virent, quelques jours après, lui, le colonel du régiment, le comte de Pontevès, suivre à pied, pendant son long trajet, l'humble convoi du pauvre enfant jusqu'à sa dernière demeure! Pour lui, il croyait n'avoir fait que son devoir, obéi simplement à ce que lui prescrivait son titre de père et de tuteur spirituel du jeune orphelin.

On comprend qu'une vie ainsi consacrée à d'austères devoirs, toujours envisagés dans les hautes vues de la foi, était comme une immolation continuelle de l'homme tout entier et une préparation merveilleuse au grand sacrifice qui devait la terminer.

Oui, Messieurs, je dis sacrifice, et je l'entends dans le sens élevé que donne à ce mot la piété chrétienne, c'est-à-dire, l'offrande volontaire de sa vie faite à Dieu, en vue de lui plaire et en union avec le sacrifice de son fils. Ecoutez ceci, jeunes soldats : cette doctrine est certaine et remplie pour vous d'une instruction solide, d'une immense consolation.

J'aime ceux qui m'aiment, dit le Seigneur : *Ego diligentes me diligo* (1). J'aime beaucoup ceux qui m'aiment beaucoup. Or, ajoute le Sauveur, il n'y a point de plus grand amour que celui qui nous fait donner notre vie pour nos amis. *Majorem hâc dilectionem nemo habet, ut animam suam ponat quis pro amicis suis* (2). Pour Dieu, ou pour vos frères en vue de Dieu, vous consentez de bon cœur à mourir. Pour leur sauver la vie, vous vous jetez au milieu des eaux d'un fleuve débordé, au milieu des flammes d'un incendie ; vous périssez dans cet acte de dévouement chrétien, de charité parfaite. Vous êtes indubitablement sauvé. Comme dans le martyre, sans baptême, sans confession autre que celle du désir, vous êtes à l'instant justifié, et le ciel s'ouvre pour vous.

(1) Prov. viii, 17.
(2) Joan. xv. 13.

Mais si, au lieu de la vie d'une ou deux personnes menacée par les flammes ou par les eaux, il s'agit de la vie de plusieurs milliers d'hommes; s'il s'agit de sauver des biens d'un ordre encore supérieur, l'honneur, la liberté de la nation entière, et au-dessus de tout cela la liberté de la foi et du service de Dieu, pensez-vous que devant ce Dieu le sacrifice soit moins méritoire ; que le militaire qui meurt sur le champ de bataille pour la défense de son pays et de la vraie religion, soit moins assuré de sa couronne ? Non certes, mille fois non.

Que celui qui se jette sur l'ennemi avec une impétuosité aveugle, avec la fureur des animaux, meure de leur mort : sans doute, pour lui point d'espérance. Que le brave païen meure uniquement pour la gloire humaine et pour l'honneur de ce monde : sa récompense est dans des louanges des hommes qu'il n'entendra pas, dans une vaine réputation qui pourra flatter sa famille, mais qui ne le consolera point lui-même dans les tourments.

Pour le soldat chrétien la mort est toute autre chose. Accoutumé dès longtemps, comme notre brave général, à offrir toutes ses actions à Dieu, il lui offre, avec un redoublement de ferveur, sa vie, au grand jour du combat. Dans une guerre juste, il se dévoue pour sa patrie, c'est-à-dire, pour tous ses frères qu'il aime plus que sa vie pour l'amour de Dieu : dans une guerre sainte, il se dévoue plus sensiblement encore pour Dieu et pour la liberté de son culte, et à côté des infortunés martyrs de la gloire humaine, il meurt, lui, véritable et bienheureux martyr de la charité et de la religion, et si nul autre sentiment inférieur n'est venu altérer dans son ame la pureté surnaturelle de ces grands motifs, il entre à l'instant même en possession de la gloire éternelle.

Mais quoi? disent peut-être quelques-uns, est-ce qu'il s'agit de religion dans nos guerres actuelles? Je le sais, Messieurs, je me trouve ici en face d'un préjugé très-accrédité dans le monde. Des guerres religieuses! disent les faux docteurs de notre temps avec ce ton de haute fatuité qui leur est propre, mais elles ne sont plus possibles aujourd'hui avec les lumières du siècle; comme si la religion était désormais pour les hommes un si mince intérêt que ce ne fût pas la peine de s'armer pour sa défense, ou que toute ardeur de foi, tout zèle de vérité ne fût que fanatisme, et qu'il fallût confondre le brave chrétien, qui laissant, par exemple, aux adorateurs de la déesse raison, la liberté de leur folie, ne souffre pas qu'ils attentent à la liberté de sa religion, avec le disciple de Mahomet qui prétendait imposer la sienne par la vertu du cimeterre.

Eh bien! oui, quoiqu'en disent nos prétendus philosophes, il y a encore de notre temps des guerres religieuses.

La guerre présente a son point de départ au saint-sépulcre du Sauveur : il ne faut pas l'oublier. Soulevée par le plus puissant ennemi de l'Eglise, en vue d'étendre le schisme et sa domination, acceptée par la France au nom de Dieu et sous l'étendard de sa sainte Mère, quelles que soient les pensées et les intérêts de nos alliés que Dieu a su rattacher à notre cause, pour nous et pour les braves soldats qui s'y dévouent avec une patience et une ardeur si chrétiennes, cette guerre est véritablement une guerre religieuse.

Il y a plus, c'est que dans ces dernières années je n'en vois presque pas d'autres. Dieu, qui aime à humilier l'orgueil et à se moquer (1) des superbes dédains des politiques envers sa religion, a mis cette religion au fond de toutes les grandes querelles qui ont contraint cette génération à recourir aux armes.

La religion, n'était-elle pas au fond de cette guerre d'Espagne où le jeune Edmond de Pontevès et son frère Eugène firent leurs premiers pas dans la carrière militaire? Tout ce qu'on a vu depuis, tout ce qu'on voit en ce moment dans ce malheureux pays n'en est-il pas une démonstration évidente?

Et cette conquête d'Afrique, nécessaire pour affranchir l'Europe chrétienne d'un honteux tribut et pour briser les chaînes de nos frères captifs chez les infidèles, n'est-ce pas une œuvre religieuse? Eugène de Pontevès n'en doutait pas, lorsque de si grand cœur il versait son sang à Staouéli, et cette foi consolait sa mort et adoucissait les larmes de son frère et de toute sa pieuse famille. L'épée et la charrue, *Ense et aratro*, a-t-on dit, pour faire de

(1) Prov. l. 16.

l'Algérie une seconde France! Oui, sans doute, mais la charrue à l'ombre de la croix. Avec son grand bon sens, c'est bien ainsi que l'entendait le vieux maréchal. Aussi dans le jeune commandant Edmond de Pontevès il n'aimait pas moins la haute vertu du chrétien que la haute intelligence du militaire. L'épée n'ouvre point les cœurs, et la charrue laboure mal un sol qui tremble. Mais la douce parole de la foi, mais les œuvres de la charité unissent les âmes et rapprochent les peuples. Donc à la religion le mérite de féconder ce nouveau champ que la guerre lui a si heureusement ouvert. Qui dit France dit terre catholique. L'Algérie ne sera une seconde France que lorsque le catholicisme y sera solidement établi.

Ne parlons point de cette horrible guerre qui, à plusieurs reprises, a ensanglanté les rues de la capitale, guerre toujours menaçante dans le cœur des impies. Qui ne voit que là encore la religion est en cause; qu'elle est la première dans la haine des ennemis de l'ordre, comme elle devrait être la première dans l'amour de ceux qui le défendent? Mais cette expédition de Rome, où notre général a si bien servi la France et l'Eglise, soit pendant le siége, soit pendant l'occupation, dans le principe, ceux qui la décrétaient n'en voulaient faire qu'une expédition politique. Pour eux il ne s'agissait de protéger ni la religion ni son chef, mais bien de défendre la république romaine contre les influences de l'absolutisme autrichien. Ils le pensaient et le disaient du haut de la tribune. Mais ces grands faiseurs de révolutions, si habiles à exploiter un mouvement populaire et à en changer le but, ils oubliaient que Dieu a, lui aussi, ses tours de main : *mutatio dexteræ excelsi,* comme dit l'Ecriture (1); qu'il sait faire tourner au profit de son Eglise les desseins mêmes les plus hostiles de ses ennemis. Telle qu'ils l'avaient conçue, l'expédition pouvait susciter au Souverain Pontife d'étranges embarras : telle que la firent les folies des républicains de Rome et la haute sagesse qui de France en prit la direction, elle servit à le rétablir sur son trône et à consolider son autorité.

Combien le Général s'applaudit de la part qu'il lui fut donné de prendre à cette guerre vraiment religieuse ! Combien surtout il fut heureux de pouvoir travailler encore plus directement pour le service du Saint Siége, dans l'organisation de la milice pontificale ! Lui, si modeste, si peu avide de distinctions, il ne pouvait dissimuler devant nous combien étaient précieuses pour sa foi les glorieuses marques de la satisfaction du Saint-Père, qui brillaient sur sa poitrine. Et quand plus tard avec le titre de général il dut quitter notre Angoulême, pour aller prendre le beau commandement qu'avec un tact si délicat lui confiait la prudence de l'Empereur, quelle ne fut pas sa joie de retourner dans cette Rome si chère à tous les vrais chrétiens, dans cette cité des grands et saints souvenirs !

(1) Psalm. lxxvi. ii.

Pie IX aime les Français : il ne cesse de les combler des témoignages les plus touchants de sa bienveillance. Mais entre tant d'officiers distingués qu'il a vu s'incliner pieusement sous sa bénédiction, son œil paternel a bien su discerner ce fils dévoué, ce digne enfant des saints, ce noble héritier d'Elzéar et de Delphine. Pendant sa vie, après sa mort, il l'a honoré comme un grand pape sait honorer les amis dévoués du Saint-Siége (1).

Ce séjour délicieux de Rome, embelli par la faveur du saint Père, et par les charmes de la plus noble société, rassemblée de toutes les parties de l'univers, fut bientôt attristé pour l'âme du Général par les coups les plus douloureux. Sa tendre, sa pieuse mère le réclama en vain à ses derniers instants : il ne put arriver assez tôt pour lui fermer les yeux et dut faire effort sur sa propre douleur pour consoler son vieux père. Son père, hélas ! il survit encore à ce dernier coup, qui vient de mettre le comble à toutes les épreuves entassées sur la vie de ce vénérable vieillard. La tombe de sa mère à peine fermée, deux autres tombes s'ouvrent presqu'au même instant pour deux sœurs chéries, pour deux mères de famille, pour la duchesse et pour la comtesse de Sabran. Le deuil de ses frères et de ses neveux,

(1) Outre le service célébré à Saint-Louis-des-Français, pour les officiers et soldats morts en Crimée, un des prélats attachés à la personne du Saint-Père a fait célébrer une messe solennelle pour le repos de l'âme du comte de Pontevès, dans l'église de Saint-Marcel, paroisse du palais que le général habitait comme commandant de la place de Rome.

qu'il aime comme ses propres fils, devient son propre deuil et semble fermer son cœur à toutes les joies de cette terre.

Ses délices désormais seront dans la prière, au pied de la croix du Sauveur, devant l'image de la Mère de douleurs, consolatrice des affligés, au tombeau des saints apôtres et des martyrs dont la ville de Rome est remplie.

Bienheureux habitants du ciel, courageux soldats du Christ, qui avez acheté la gloire au prix de votre sang, accueillez dans vos basiliques ce nouveau frère qui vous suit déjà dans votre voie de souffrances : bientôt lui aussi il versera son sang pour la cause de Jésus-Christ et de son Eglise, et vous l'associerez à votre triomphe dans le ciel.

Le voyez-vous, Messieurs, sur cette terre de Crimée qui a déjà dévoré tant de braves, en face de cette terrible forteresse d'où le schisme préparait depuis un demi-siècle la conquête de l'Orient et de l'Occident? Après de longues épreuves, d'immenses travaux, des fatigues surhumaines, le grand jour est enfin venu, jour tant désiré par cette admirable armée. Chacun s'y est préparé en chrétien. En face d'une mort inévitable pour un grand nombre, probable pour chacun, les consciences ont été sondées, puis purifiées dans le bain salutaire de la pénitence. Plusieurs se sont nourris du pain des forts et sortent du banquet divin, semblables à des lions qui ne respirent que le feu, *tanquàm leones ignem spirantes*, comme disait le grand évêque de Constantinople (1). Jamais depuis saint Louis la guerre n'avait été si religieuse. Les lignes d'adieu qu'écrivent à leurs parents, quelques heures avant la bataille, ces généreux chrétiens, figureraient avec honneur à côté des plus beaux monuments de la piété des premiers siècles (2).

En tête de l'élite de ces braves, je vois s'avancer, au signal donné, le général de Pontevès. Il est plein d'ardeur et de calme. Il sait qu'il va à la mort. Les mille éclats de la foudre qui tonne sur sa tête, les nombreux cadavres qui jonchent déjà le sol sous ses pieds ne lui permettent pas d'en douter. Mais depuis le premier jour de son arrivée, il n'a cessé de tenir *sa vie dans ses mains* (3), comme dit l'Ecriture, toujours prêt à en faire le sacrifice, dans une cause qui intéresse si manifestement la gloire de Dieu. A cet instant solennel, il vient de renouveler son offrande, et à pied, l'épée à la main, il s'élance aux premiers rangs.

Qu'il était beau à cette heure! Ses officiers et ses soldats l'admiraient, et du haut du ciel ses bienheureux ancêtres l'applaudissaient comme leur digne fils. Ils se réjouissaient de son prochain triomphe, doublement heureux d'avoir à lui donner bientôt dans la gloire le baiser de l'éternelle paix.

Il tombe en effet sous deux blessures mortelles, une seule n'ayant pu arrêter son élan. Vingt braves

---

(1) S. J. Chrysost. Hom. 45 in Joan.
(2) Voir la note de la page 35.
(3) Psalm. cxviii. 106.

se précipitent à l'instant pour sauver cette noble victime et paient presque tous de leur vie ce généreux dévouement. On l'emporte enfin brisé par dix autres blessures. Il vit néanmoins et il vivra encore de longues heures, pendant lesquelles il achèvera dans la souffrance l'expiation de ses fautes, il ajoutera de nouveaux mérites à sa couronne, il consommera la perfection de sa charité. Voyez-le ranimé par la parole du prêtre, fortifié par l'onction des mourants, détaché désormais de tous les intérêts terrestres, disposant avec un calme et une lucidité parfaite de tous les objets qui lui furent chers, distribuant des souvenirs à ses parents et à ses amis, sans oublier les pauvres ni l'église où il reçut le saint baptême (1). Il applaudit en mourant au triomphe de sa patrie et de l'Eglise et se félicite d'avoir donné sa vie pour une si grande cause.

Du reste nul regret aux honneurs et au brillant avenir qui l'attendait ici-bas, s'il lui eût été donné de revoir la France. Que ne pouvait-il pas espérer en effet de la faveur impériale déjà si bien fixée sur son mérite? Et sa famille, et ses amis, et les nombreux admirateurs de sa vertu si douce et si pure, quel accueil ne lui réservaient-ils pas, après cette expédition glorieuse? Vous le savez, Messieurs, quand nous eumes la douleur de le perdre ici, il y a trois ans, le rêve de notre espérance était de le voir revenir un jour parmi nous investi d'un plus haut grade et de nouvelles fonctions. Vous vous promet-

(1) Récit du capitaine Lamy. Voir la note de la page 37.

tiez d'aller au devant de lui et de lui décerner ainsi un de ces triomphes du cœur, les seuls que sa modestie pût accepter. Dieu ne l'a pas voulu. Faut-il s'en plaindre? Ah! regardez cet autre accueil, cet autre triomphe qui lui est décerné là haut par d'autres parents, par d'autres amis, dans une cité plus heureuse que la nôtre, là où il n'y a plus à craindre ni guerre, ni révolution, où règne la paix et la félicité éternelle, et dans cette ferme espérance, consolez-vous.

Que si pourtant après cet auguste sacrifice, que je viens d'offrir avec vous, M. F., de toute mon âme pour mon noble ami, si Dieu, dont les décrets sont impénétrables, dont la justice demande beaucoup à ceux à qui il a donné beaucoup, ne l'avait pas encore mis en possession de sa gloire, pour hâter cet instant, joignons encore nos plus ferventes prières à tant d'autres qui sont déjà montées vers le trône de Dieu, de la Crimée, de Rome, de Marseille, de Narbonne, de Bordeaux, de tous les lieux où le pieux général a été connu et par conséquent aimé. Et si, comme je le crois, nos prières lui sont désormais inutiles, qu'elles s'unissent à celles qu'il fait lui-même pour tant d'autres braves qui ne sont pas encore entrés en part de son bonheur.

NOTE DE LA PAGE 32.

On pourrait faire une collection vraiment curieuse et édifiante de lettres écrites par les officiers et les soldats de l'armée d'Orient, en commençant par celles du général en chef, du maréchal de Saint-Arnaud. Les journaux de Paris et des provinces en ont publié un grand nombre qui ne sont pas moins remarquables par l'esprit de foi et de piété et par la tendresse du sentiment, que par le tour vif et animé et ce ton de franche gaîté qui est propre au soldat français.

En voici une d'un caractère plus élevé, qui suffirait à justifier du reproche d'exagération ce qu'on a dit de ces lettres de Crimée. Elle a été écrite par un capitaine de l'armée d'Orient à un autre capitaine, amputé après cette même bataille du 8 septembre, où a péri le général de Pontevès. Elle a été insérée dans l'*Univers*, du 22 novembre.

« Camp de Traktir, 22 octobre 1855.

« Mon cher N....,

« J'ai été pour vous voir ; vous étiez parti le matin. J'aurais bien désiré vous faire mes adieux. Il est inutile de vous dire la part que j'ai prise à votre affreux accident. Ce qui me rend ce coup moins amer, c'est de savoir l'énergie avec laquelle vous l'avez supporté et l'admirable résignation que vous avez fait paraître dans ces circonstances si douloureuses. C'est Dieu qui frappe et Dieu qui guérit ; c'est lui qui vous a inspiré ces nobles sentiments Il vous a ainsi été donné de le glorifier dans votre affliction ; il a fait pour vous ce qu'il fait pour un fils chéri, vous décernant l'honneur de vous montrer fort pour l'amour de lui, et digne de souffrir pour Jésus-Christ. Ah ! certes, si je ne considérais ce qui vous arrive qu'au point de vue du monde, je ne pourrais cesser de le déplorer ; mais votre exemple même m'élève à des pensées plus hautes ; en vous sachant si calme et si soumis à la volonté divine, je ne songe plus qu'à la divine parole : *Bienheureux ceux qui souffrent, car ils seront consolés ;* je ne puis douter que le Seigneur de toute bonté, qui a mis en vous tant de force pour supporter la douleur, n'ait répandu dans l'intime de votre cœur mille consolations ineffables et cette indicible espérance d'une bienheureuse immortalité.

« Tout, dans la religion, nous montre la souffrance comme un acte nécessaire au chrétien et comme la source des grâces les plus abondantes : c'est la douleur qui éprouve qui expie. La douleur est le caractère de l'âme fidèle. C'est elle qui la rend l'image la plus frappante du Christ, l'homme de douleur.

« Dieu, dans sa miséricorde, considérant votre amour pour lui et ce désir ardent de lui plaire qui éclatait pour ainsi dire constamment en vous, a voulu, dans une circonstance mémorable et où sa gloire était manifestement engagée, vous marquer de ce sceau divin de la douleur.

« Si vous vous rappelez vos fautes, vous le remercierez de vous avoir donné de les expier ainsi dès à présent.

« Si vous vous rappelez ces mauvais désirs qui germent dans tout cœur humain, vous le remercierez encore d'avoir voulu vous éprouver au feu de la tribulation.

« Vous le remercierez surtout d'avoir choisi son serviteur pour en faire une victime agréable à ses yeux. Il n'est pas douteux que votre sacrifice n'ait été agréable et ne soit pour vous la source de grâces surabondantes et d'une gloire éternelle.

« Vous avez perdu un bel avenir terrestre ; mais Dieu a voulu vous faire oublier ces sortes d'intérêts, et en vous détachant des choses qui passent, vous rapprocher de lui et vous attacher plus particulièrement à ce qui est impérissable.

« C'est pourquoi vous élèverez vers lui vos yeux et votre cœur : lui seul aujourd'hui est votre seule espérance, espérance dont votre blessure est un gage et qui ne sera point trompée.

« Vos rêves d'avenir détruits, il vous reste les réalités du Ciel. Quel échange, mon cher N...! et dans ce profond malheur qui vous frappe, n'y a-t-il pas une vive source de joie?

« Voilà ce que je me dis lorsque je ne puis m'empêcher de regretter votre éloignement de l'armée; je me console de n'avoir plus un ami dans nos rangs, en songeant que cet ami est plus près de Dieu. C'est la bonne place, mon cher ami, ne la quittez point. Attachez-vous de plus en plus à la vérité éternelle. Profitez de la miséricorde de Dieu, qui ne vous arrache violemment d'auprès de nous que pour vous attacher plus fortement et plus irrévocablement à lui. Vous étiez sincèrement chrétien, vous venez de le prouver dans cette cruelle épreuve ; il ne vous reste plus qu'à persévérer dans cette noble voie. Dieu vous a voulu ainsi, il a ses vues, pénétrez-les et les remplissez. Que sa grâce, que toute sa miséricorde soient sur vous. Que Notre Seigneur Jésus-Christ vous console ; que, pénétrant en vous de plus en plus, il vous imprègne de son esprit, féconde votre sacrifice et vous rende de plus en plus digne de lui.

« Puisse-t-il vous rendre au centuple, en joies divines, toutes les privations qu'il vous impose ; puisse-t-il vous remplir des sentiments de la charité la plus tendre ! Que sa paix soit sur vous, que sa bonne Mère ait pour vous les regards les plus tendres et ces mille attentions qui réjouissent le cœur d'un enfant dévoué.

Mon cher ami, je vous ai dit tout ce que je me dis pour alléger le chagrin que me cause votre mauvaise fortune. C'est tout ce qui fortifie mon esprit, comme je vous souhaite tout ce qui me semble le meilleur et tout ce que je désire. Puissent ma bonne volonté et mon affection vous faire du bien ! Vous savez que cette affection est entière. Vous ne pouvez douter combien je serais heureux qu'elle fût mise à l'épreuve, et je compte assez sur la vôtre pour espérer que vous me donnerez ce plaisir à l'occasion.

« Je vous ai recommandé aux prières du curé de S.-N. (autrefois curé de S.-P. à Lyon) et aux confrères de l'Adoration-Nocturne. M... compte vous voir à votre passage à....

« Adieu mon cher N..., ne m'oubliez pas dans vos prières, et croyez-moi tout à vous en Notre-Seigneur. »

NOTE DE LA PAGE 33.

Occupé surtout de la douleur de son père et sachant bien ce qui seul pourrait le consoler, il recommandait qu'on lui dit bien qu'il s'était confessé le matin même de l'assaut et qu'il avait encore pu recevoir les secours de la religion avant de mourir. Il désignait les objets qui devaient être distribués en souvenirs aux divers membres de sa famille et comptait parmi les plus précieux une médaille que lui avait donnée le Saint-Père, en commémoration de la définition du dogme de l'Immaculée Conception de la sainte Vierge. Outre le don fait à la paroisse de la Tourette de son arriéré de solde de la Légion-d'Honneur, il partageait ainsi une somme de deux mille francs, qu'il avait avec lui : Mille francs doivent être remis au curé de Saint-Charles (sa paroisse natale) pour ses pauvres. Le reste et le produit de la vente de ses chevaux et effets militaires doivent être remis au P. Parabère, aumônier supérieur de l'armée, pour aider au service de l'aumônerie, déduction faite des gratifications qu'il chargeait son aide-de-camp de donner aux militaires qui l'avaient servi et transporté. (Extrait d'une lettre du capitaine Lamy à Mme de Surian, sœur du général, écrite de Sébastopol, le 10 septembre.)

Voici un passage d'une autre lettre du même officier, qui peint admirablement le caractère si modeste et le courage si calme du général :

« Sébastopol, 20 octobre 1855.

« ....

« Puisque vous avez lu les lettres que j'ai adressées à Mme de Surian, je ne reviendrai pas sur les détails qu'elles renferment; il en est un cependant dont je ne suis pas sûr d'avoir parlé, et que je tiens à vous faire connaître, bien convaincu que celui dont vous déplorez, dont nous déplorons tous la perte, vous l'a toujours laissé ignorer.

« Plusieurs fois quand nous allions dans les tranchées, il avait couru de très-grands dangers, et il avait même été touché quatre fois, légèrement, il est vrai, le jour où son officier d'ordonnance a été tué. Le 16 août, il a reçu un éclat d'obus sur le bras droit, et une pierre sur son épaulette; le bras a été contusionné, et il en a souffert pendant quelques jours; son épaulette avait préservé l'épaule d'une blessure plus grave; mais il a caché ces détails avec le plus grand soin, et si je n'avais pas été à côté de lui dans le moment, jamais personne n'en aurait eu connaissance. Un autre jour, nous longions un petit mur, parfaitement en vue des tirailleurs russes qui nous saluaient de leur mieux, et à très-bonne portée ; les balles nous rasaient de si près qu'à chaque instant nous nous attendions à nous voir tomber l'un ou l'autre; cependant nous étions arrivés sans encombre jusqu'à l'extrémité, et nous pénétrions dans la tranchée, quand en regardant la figure du général, je vis du sang près de l'œil. C'était une balle ou un éclat de pierre qui avait creusé un léger sillon. Quand il y porta la main pour essuyer ce sang, je vis à sa main une autre blessure, il s'était bien gardé de me dire seulement qu'il fût touché. Il était toujours ainsi, calme et souriant en toutes circonstances, s'oubliant lui-même pour ne songer qu'aux autres, bravant le danger sans chercher à en tirer gloire ni profit, ne recherchant que la satisfaction du devoir accompli. »

Angoulême, GIRARD et JOLY, imprimeurs de l'Évêché.

www.ingramcontent.com/pod-product-compliance
Lightning Source LLC
Chambersburg PA
CBHW061010050426
42453CB00009B/1363